Mots de tête incurables

Éditorial : Christophe Absi

département de Hugo et Compagnie
38, rue La Condamine, 75017 Paris
chiflet.hugo@wanadoo.fr

ISBN : 2-35164-001-2

Pierre Légaré

Mots de tête

incurables

Chiflet&Cie

En guise de diagnostic…

Pierre Légaré (ne riez pas, c'est son vrai nom !) est, à mon sens, l'homme le plus spirituel du continent américain.
Heureusement pour nous, il sévit dans la partie nord, celle qui, par la grâce de Dieu et surtout par celle de Jacques Cartier, s'exprime en français.
Je ne remercierai jamais assez le bon « docteur » Légaré pour les vertus thérapeutiques de ses pensées.
Voilà un homme qui a compris que l'humour pouvait engendrer un état bienfaisant, permettant de résister aux angoisses du monde moderne. Ce fin psychologue analyse parfaitement le quotidien de façon philosophique ou absurde, pour obtenir un effet de miroir dans lequel chacun se reconnaît. D'ailleurs, comme dit mon ami Raymond Devos :
« Qui prête à rire n'est jamais sûr d'être remboursé »…
Je pense que, dans ce cas précis, la Sécurité Sociale devrait faire un petit effort…
Elle ne le regretterait pas !

Jean-Loup Chiflet

Tu n'as pas besoin d'un flash quand tu photographies un lapin blanc qui a déjà les yeux rouges.

*

Si tu tiens un livre écrit en russe devant un miroir, tu peux le lire mais tu comprends pas tout.

*

Pour laver une chemise noire, si t'as juste du savon qui lave plus blanc, ça marche quand même.

*

Quand les Chinois nous regardent à la télévision, ils trouvent qu'on se ressemble tous.

*

L'absence de merde de pigeon sur son sol le confirme : il n'y a ni eau ni gondoles dans les canaux de la planète Mars.

*

Quand c'est l'anniversaire de quelqu'un, si, au lieu d'un gâteau d'anniversaire, tu fais une soupe d'anniversaire, c'est meilleur pour la santé et, s'il tient à souffler dessus, tu la fais un peu plus chaude.

Quand un mouton n'est pas capable de s'endormir, il compte les humains.

*

Tu peux gagner ta vie à la radio si t'es mime, mais il faut que tu saches faire autre chose.

*

Si, au lieu d'une voiture, on avait chacun un avion, on pourrait se rendre au travail beaucoup plus vite, c'est juste qu'il faudrait pas être arrêté dans un bouchon.

*

Quand quelqu'un te rapporte un souvenir de son voyage et qu'en le regardant tu te souviens de rien, c'est normal.

*

Mettons que t'as pas de calculatrice et que tu te sers des touches de ton téléphone pour faire un calcul et que, par hasard, tu te trouves à composer le numéro de quelqu'un qui a une calculatrice et qu'il est d'accord pour faire ton calcul, t'as de la chance.

Si tu dis au chauffeur de taxi de reculer jusqu'à ta destination, quand tu arrives, c'est lui qui te doit de l'argent.

*

L'homme a une pomme d'Adam. Chez la girafe, c'est une courge d'Adam.

*

Si tu portes un appareil photo attaché à ta tête à une distance d'environ 30 cm de ton visage et qu'au moment où tu meurs en te faisant frapper par la foudre tu penses à appuyer sur le déclencheur, tu peux gagner un concours de photo.

*

Quand un chien voit passer une voiture montée sur une dépanneuse, il pense qu'ils sont en train de faire des petites voitures.

*

Si tu te sers d'un stylo à l'encre invisible pour envoyer des messages secrets et qu'il est vide, tu le sais pas.

*

Si tu mets un gros caillou à côté d'un petit, il ne s'en occupe pas longtemps.

Quand tu viens d'acheter des allumettes, une bonne précaution à prendre avant de les ranger, c'est de les tester pour voir si elles allument toutes.

*

Les crottes d'oiseaux sur une voiture blanche, c'est noir et sur une voiture noire c'est blanc.

*

Avant de dire à leur femme qu'elles ont une belle robe, les œnologues en déchirent un morceau, le mastiquent et le recrachent.

*

Tu peux entraîner ton chat à rapporter un bâton, mais c'est plus rapide d'entraîner le bâton.

*

Les salons funéraires qui donnent une garantie, c'est pas vraiment nécessaire.

*

Si tu colles une carte routière sur un accordéon, ça va mieux pour la replier. Et si jamais tu te perds quand même, tu joues un peu de musique en attendant.

Si tu joues avec une bombe atomique, qu'elle explose et qu'elle était rouillée, c'est mieux de consulter un médecin.

*

Des mots croisés, c'est plus facile si tu te donnes le droit d'écrire dans les cases noires.

*

Les fusées spatiales, ça coûte des centaines de millions et il y a même pas de klaxon.

*

Si tu découvres que tous les arbres de ta ville ont un nombre de feuilles impair et que t'appelles un journaliste pour qu'il fasse un article là-dessus, il ne te rappelle pas.

*

À Noël dans les camps de nudistes, c'est pas drôle d'être celui qui doit décorer le sapin.

*

Si tu as pas les moyens de te payer des stores vénitiens dans tes fenêtres, tu peux porter une chemise rayée dans la maison, ça fait le même effet.

C'est sûr qu'un aveugle qui conduirait un camion de déménagement et qui déménagerait un piano, il pourrait l'accorder après qu'il l'ait livré, mais ça enlève un emploi.

*

Si tu fais jouer une cassette de klaxons dans ton auto, c'est énervant pour rien.

*

Si tu fais jouer à reculons la vidéo d'un incendie, les pompiers ont vraiment pas le beau rôle.

*

Si le curé t'engueule parce que tu vas pas à la messe, tu peux lui faire observer que Jésus est jamais allé à la messe de sa vie.

*

Quand on te fait une radiographie, ça fait con si tu dis : « Ah non, je pense que j'avais les yeux fermés. »

*

Tu creuses un trou très profond et tu bloques sur un Australien qui avait décidé de faire la même chose, celui des deux qui est rendu le moins loin, c'est lui qui recule.

Quand tu réponds au téléphone, si au lieu de dire « Allô », tu dis : « Puis-je parler à Paul ? », l'autre raccroche.

*

Si t'es perdu au milieu du désert, tu peux entendre de la musique, mais il faut que tu sois dans un film.

*

Si tu dors et tu rêves que tu dors, il faut que tu te réveilles deux fois pour te lever.

*

Si tu approches de ton oreille le homard dans ton assiette, tu vas entendre la mer, mais bouillie.

*

Le plus grand nain du monde et le plus petit géant, c'est la même personne, mais on ne sait pas qui.

*

Avant d'acheter un dictionnaire, t'es supposé vérifier s'il y a pas de fautes.

*

Les comédiens ont le foie côté jardin.

Quand un chauffeur de camion joue du piano, il a tendance à appuyer sur la pédale gauche à chaque changement de couplet.

*

S'il n'y a pas de trou dans tes chaussettes, tu ne peux pas les mettre.

*

Aux funérailles d'un Chinois mort noyé, c'est de très mauvais goût de faire jouer la chanson « The Yellow Submarine ».

*

Si tu fais jouer la chanson thème du film *Les Dents de la mer* quand tu prends ton bain, tu te laves plus vite.

*

Le produit le plus efficace pour arrêter de fumer, c'est le gaz.

*

Pour déterminer le nombre total de grains de sable du Sahara, il est important de choisir un après-midi sans vent.

Peut-être que Stradivarius essayait de fabriquer des violoncelles miniatures.

*

Si tu as un bras plus long que l'autre, le mieux c'est d'apprendre à jouer du trombone à coulisse.

*

Si tu parles à ton eau de Javel pendant que tu fais la lessive, elle est moins concentrée.

*

Quand on est passé de « Avant Jésus-Christ » à « Après Jésus-Christ », il y a eu le bogue de l'an 0. C'est pour ça qu'aujourd'hui on ne trouve plus de logiciels datant d'avant Jésus-Christ.

*

Si les animaux sont tes amis, vaut mieux être végétarien. Si tes amis sont des légumes, mange de la viande.

*

Tu peux te faire des boucles d'oreille avec des huîtres, mais pour tenir, il faut qu'elles soient vivantes.

Si ton travail c'est la teinture et que tu dis aux gens que t'es teintre, ils ne comprennent pas.

*

Si tu te crochis les yeux pendant que tu conduis ton auto, tu vas voir 2 routes. Reste entre les deux.

*

Un concours pour savoir qui a les ongles qui poussent le plus vite, ça fait des veillées tranquilles.

*

Quand un éléphant voit un aspirateur, il pense que c'est un fœtus.

*

Les modèles réduits c'est toujours des cadeaux populaires. Sauf dans les sex-shops.

*

Si tu veux un râtelier qui a l'air vraiment naturel, tu fais mettre des fausses caries dessus.

*

La plupart des personnages de bande dessinée n'ont pas de narines. C'est parfait : ils ont généralement juste 4 doigts.

L'Association des gens qui ont peur des foules, ils font pas souvent de réunions.

*

Il y a beaucoup de remèdes pour lesquels on ne connaît pas la maladie.

*

Premier test à faire pour savoir si c'est bien la maladie de Parkinson : monter le chauffage, attendre.

*

Pas les moyens de te payer un système anti-vol à la maison ? T'embauches un copain pour rester chez toi quand t'es pas là et pour ne pas qu'il se fasse lui-même voler durant ce temps, tu vas rester chez lui.

*

Si tu donnes un prénom composé à ton enfant, ça lui coûte plus cher de stylo dans sa vie.

*

Aucun tableau de la dernière Cène ne le montre, mais l'apôtre Jean prenait des notes sur la nappe pour la rédaction de son Évangile.

Si tu commences à lire le journal par la fin, tu ne sais pas plus qui a fait les crimes dans les premières pages.

*

Tu as le droit de changer de signe du zodiaque, mais il faut que ta mère le sache vraiment d'avance.

*

Si un flic t'arrête parce que t'es passé au feu rouge et que tu lui offres d'arrêter au prochain feu vert, il veut pas.

*

On peut tourner un film dans une bouche et faire croire que ça se passe dans une grotte, mais il ne faut pas filmer la langue ni les dents. Par contre, la luette peut passer pour une stalactite.

*

Ça ne porte pas malheur si tu passes en dessous d'un chat noir, mais il n'y a presque personne qui le sait.

*

Si on commence à dire qu'on en a ras-le-bol des taxes, le gouvernement va taxer les bols.

Si tu fais aimanter ta maison, tu peux la retrouver juste en lançant tes clés dans les airs.

*

Si tout le monde te déteste parce que t'es paranoïaque, tu ne l'es plus.

*

Si tu mets toujours un journal au fond de la cage de ta perruche, il se peut que ta perruche te regarde avec un drôle d'air quand elle te voit lire un journal.

*

Dans les films, les gens trouvent toujours une place pour garer leur voiture. Quand tu cherches une place, filme-toi.

*

Si tu écris toujours tes chiffres en anglais, il n'y a personne qui s'en aperçoit.

*

Si tu invites des gens qui ont tous le même groupe sanguin à une fête, mais que tu leur dis pas, ils vont parler d'autre chose.

Des portes à ressorts, c'est bon, mais pas dans les camps de nudistes.

*

Si tu trouves des champignons en dessous de ton chien, c'est parce qu'il manque d'exercice.

*

Une idée de cadeau pour un bricoleur : tu lui donnes un tube de colle, une boîte de cure-dents et tu lui dis : « Tiens, c'est une tour Eiffel miniature ».

*

À la piscine municipale, c'est écrit « 1 mètre » à un bout et « 3 mètres » à l'autre bout pour que l'employé municipal sache de quel côté mettre plus d'eau.

*

Le Vatican pourrait donner son accord à l'usage du préservatif si on lui donnait le nom d'Immaculée-Contraception.

*

Dans ton potager, un bon truc pour avoir des plus gros radis : sème des navets.

Le hoquet, ça peut être une maladie mortelle si t'es un dynamiteur.

*

Si on avait les bras plus longs, on serait presbyte plus vieux.

*

Dans un hôpital, le nombre de patients avec un stylo dans le cul est toujours égal au nombre de médecins avec un thermomètre sur l'oreille.

*

Mettons que pour vendre une pancarte « À louer », tu mets une pancarte « À vendre » dessus, c'est embêtant.

*

Il est impossible de réfléchir et de parler en même temps. C'est pour ça qu'à la télévision, ça parle tout le temps.

*

Les politiciens rêvent tous d'avoir un jour leur statue. Les pigeons en rêvent aussi.

Quand tu donnes ton numéro de téléphone, ça fait plus propre si tu places d'abord les chiffres en ordre croissant.

*

Si t'es perdu dans la forêt et que tu restes immobile pendant deux ans, il va pousser de la mousse sur un côté de tes jambes. C'est le nord.

*

Un cabinet de gynécologue qui s'appelle « Chez Bebert », on hésite à y aller.

*

Dans les magasins de bikinis, on ne voit pas de calendrier avec des photos de garage.

*

En fait, le millésime des bouteilles de vin indique l'année où a été coupé l'arbre ayant servi à faire le papier de l'étiquette.

*

Si t'es pris dans un incendie, tu peux crier « au feu ! » mais si tu es en train de te noyer et que tu cries « à l'eau ! », les gens te répondent « Salut ! » et tu te noies.

Si tu portes des lunettes à double foyer quand tu as chaud, t'as l'impression d'être dans l'eau jusqu'au nez.

*

Un droitier devrait prêter son stylo six mois par année à un gaucher pour que la bille s'use également, mais personne ne le fait.

*

À la vitesse que tourne la Terre, tu vas déjà à 800 km/h. Si un flic t'arrête parce que tu vas 20 km/h trop vite, ne lui dis pas.

*

Si tu n'as pas de miroir pour te raser, tu peux te regarder sur ta photo de passeport, mais c'est petit.

*

Quand tu refermes la porte du frigo, ta bouffe pense que c'est la lumière de la cuisine qui s'éteint.

*

Les châteaux-forts étaient construits deux à la fois, l'un à l'envers sur l'autre. Leurs créneaux nous indiquent où on les séparait ensuite.

Quand c'est la fête de ton chat, c'est pas une bonne idée d'inviter d'autres chats.

*

Quand on peint une toile abstraite, il faut toujours la signer parce que ça permet de savoir ce qu'est le haut et le bas.

*

Depuis le temps que le gouvernement s'attaque au chômage avec les résultats qu'on sait, il devrait essayer de s'attaquer à l'emploi.

*

Quand le pilote annonce que « l'avion va décoller dans deux minutes », les passagers qui ont déjà assemblé des modèles réduits sont plus nerveux que les autres.

*

Si t'envoies un zèbre jouer avec des chevaux, ils pensent que c'est l'arbitre.

*

Le « V » de la victoire de Winston Churchill était en fait sa façon de signifier à ses adjoints qu'il avait perdu son cigare.

La majorité des extraterrestres ne croient pas aux humains.

*

Si le moteur de ta voiture fait un bruit inquiétant, c'est parce que ta radio ne joue pas assez fort.

*

Si tu es né de parents inconnus et que t'as pas d'enfant, ton arbre généalogique c'est un bâton.

*

Les perroquets sont rapides pour apprendre à parler comme un humain, mais pas aussi rapides que les humains pour apprendre à parler comme un perroquet.

*

Les chamans préhistoriques pouvaient prédire avec certitude si un malade guérirait ou non, juste en goûtant son cœur et ses viscères.

*

Mettons qu'en cadeau de Noël tu donnes une Cadillac à quelqu'un, mais batterie non comprise. Ça fait vraiment pingre.

En fait, si la météo se trompait tout le temps, là, on pourrait se fier dessus.

*

Quand tu fais ta déclaration d'impôts, t'as le droit d'inscrire ton député comme personne à charge.

*

Juste avant de mourir, tout le film de ta vie défile devant tes yeux. Si t'es aveugle, c'est la bande sonore.

*

La peur des piqûres, ça ne peut pas se guérir par l'acupuncture.

*

Si on a la chance d'observer le léopard avant qu'il ne nous mange, on peut alors en profiter pour compter ses taches et inscrire le total sur un bout de papier qu'on évite de garder sur soi. Un petit détail, mais qui facilitera drôlement les recherches.

*

En plein milieu d'un cours de relaxation, il faut prévoir un repos de 15 minutes.

Le cinéma en couleur a toujours existé, c'est juste qu'au début du siècle, tout le monde s'habillait en noir et blanc.

*

Un bon truc pour paraître plus jeune, c'est de te vieillir de dix ans quand tu dis ton âge.

*

Un coin perdu, ça n'existe pas. La terre est ronde.

*

Si tu as une jambe plus courte que l'autre, ça fait plus positif si tu dis que tu as une jambe plus longue que l'autre.

*

Quand tu es devant un miroir, ta droite est à gauche et ta gauche est à droite. Normalement, ta tête devrait être en bas.

*

Les lapins baisent en quelques secondes parce qu'ils n'ont pas de mains.

*

Si tu prévois de commettre un crime pour lequel tu seras condamné à un an de prison, vaut mieux éviter une année bissextile.

Si tu apportes du vin rouge en pique-nique, il faut le boire à la température du coffre de la voiture

*

Si tu te promènes à quatre pattes sur une plage en tenant des pièces de monnaie, tu peux trouver des détecteurs de métal.

*

Il y a déjà eu des chiens géants sur la terre mais les seuls indices qu'on en a, c'est les os de dinosaures qu'ils ont enterrés.

*

T'as pas tes papiers et tu dois prouver ton identité ? Facile : tu signes ton nom deux fois et tu dis :
« Regarde ma signature, elle est pareille. »

*

Si tu dis « couic-couic » quand tu marches, les gens pensent que t'as des chaussures neuves.

*

Téléphoner pendant que tu conduis ta voiture, c'est sûr que c'est dangereux mais écrire une lettre, est-ce que c'est mieux ? Non.

Quand Picasso mettait des lunettes avec des verres brisés, il peignait normalement.

*

L'hiver, t'attires les oiseaux avec des graines. L'été, t'as juste à laver ton pare-brise.

*

Si t'as un épouvantail qui ressemble à Claudia Schiffer, ça marche quand même.

*

« Les chutes du Niagara sont en feu ! ».
Ça, ce serait une nouvelle.

*

Si t'as besoin à la fois d'un miroir et d'une loupe, prends une cuiller.

*

Une poupée vaudou gonflable, c'est pas bon.

*

T'as un resto et tu détestes faire des omelettes ? Au lieu d'écrire « omelette » sur le menu, écris « avortements de poule ».

Ton parachute ne s'ouvre pas et, en te tuant, tu veux pas causer d'ennuis à celui qui te l'a vendu : prends un air dépressif.

*

Quand un pied gauche se regarde dans le miroir, il pense qu'il est un pied droit.

*

Si t'es dans un avion qui va à la vitesse du son et que tu parles à ton voisin, c'est le passager derrière qui va te répondre.

*

Un salon funéraire qui annonce des cercueils « frais du jour », il vend pas plus.

*

T'es muet mais tu marches vite ? Dommage qu'on ne soit pas en 1910, tu pourrais faire carrière au cinéma.

*

Pas étonnant qu'il y ait tant de morts sur nos routes, il y a une date d'expiration sur nos permis de conduire.

Mettons que tu dors au boulot mais que tu rêves que t'es en train de travailler, ça peut marcher.

*

L'inventeur de la boxe n'existe pas, il fallait qu'ils soient deux.

*

Nous, on trouve des crottes de chien sur nos trottoirs. À Venise, c'est des crottes de poisson.

*

Un bon truc si tu n'as pas de casse-noix : déménage dans un édifice où il y a des portes d'ascenseur.

*

Le saut en largeur, ça, ça en fait des infirmes.

*

Il y a des portes où c'est écrit « bureau » mais y a pas de bureaux où c'est écrit « porte ».

*

Si tu écris « sans cholestérol » sur des ampoules électriques, t'en vends pas plus.

Si tu attaches ton chien à un boomerang, c'est le bâton qui rapporte ton chien.

*

Si tu viens de saluer à ton tour quelqu'un qui, en réalité, saluait une personne qui est derrière toi, le mieux c'est de faire semblant que tu saluais quelqu'un qui est derrière lui.

*

Quand Pinocchio éternue, il a la main pleine de sève.

*

Les corps célestes découverts par le télescope spatial Hubble sont en réalité des fragments d'une crotte d'oiseau tombée sur la lentille lors du décollage.

*

Si tu ramasses un enfant sur la plage et que tu l'approches de ton oreille assez longtemps, tu finis par entendre la mère.

*

Dehors, la nuit, si tu dis : « Avance » quand tu marches et que tu dis « Stop » quand tu t'arrêtes, tu vas voir la Lune t'obéir.

Un bon truc pour voyager pas cher : tu te pèses, tu te colles les timbres qu'il faut dans le front, en haut à droite.

*

Si tu habites dans le désert, tu peux te faire créditer les essuie-glaces sur ta voiture.

*

Les daltoniens sont incapables de voir la Mer Rouge.

*

Vrai que le soleil chauffe à 65 millions de degrés, mais est-il capable de faire autre chose ? Non.

*

T'as 2 parents, 4 grands-parents, 8 arrière-grands-parents… Logiquement, la population devrait diminuer.

*

Mettons que t'enlèves jamais les insectes écrasés dans ton pare-brise, avec les années, ça peut finir par reproduire le visage de la Joconde. Théoriquement.

*

Quand tu mets de l'argent de côté, c'est garanti : il tombe.

Quand tu photocopies une photocopie, t'as pas un original.

*

Mettons que tu ne connais pas le mot « synonyme », tu peux prendre un mot qui veut dire la même chose.

*

Une fille qui conduit une voiture de sport, qui cuisine au micro-ondes, qui écrit en sténo et qui a suivi des cours de lecture rapide peut être très heureuse avec un éjaculateur précoce.

*

Pour maîtriser un agresseur, t'as pas le droit de te servir de gaz lacrymogène mais tu peux lui peler un oignon dans le visage.

*

Un conducteur qui a oublié d'enlever son clignotant, ça peut être aussi parce qu'il a oublié de tourner.

*

Le mot le plus payant que l'inventeur du Scrabble a trouvé, c'est Scrabble.

Le verbe « bégayer » ça devrait être « bébégaygayer ».

*

Quand quelqu'un cherche ses clés et te demande si tu les as vues, t'as le droit de répondre : « Ouais, souvent ».

*

Pour faire comprendre à un sourd c'est quoi le bégaiement, tu l'éclaires avec un stroboscope. Il comprend.

*

Si, à ta mort, t'as demandé à être incinéré mais que tu meurs noyé, ils sont obligés de te faire bouillir.

*

La mousse blanche qu'on voit sur la mer, c'est une autre preuve de l'intelligence des baleines : elles se mouchent.

*

Les gens perdus errent toujours dans le sens des aiguilles d'une botte de foin.

*

Si tu trouves souvent de la monnaie à terre, c'est peut-être parce que t'as de la chance ou un trou dans ta poche.

C'est mieux d'être une actrice maigre. Quand il n'y a plus personne qui t'offre de rôle, si t'es grosse, tu peux pas sortir une vidéo d'exercices.

*

Éternuer, ça peut te rendre aveugle si tu portes un casque de Formule 1.

*

Pour te protéger les yeux des rayons du soleil, encore mieux que des verres fumés : du jambon fumé.
Mais il faut pas que tu conduises.

*

Pour se déplacer en ville, l'autobus est plus rapide que la voiture parce qu'en voiture, on est souvent ralenti par les autobus.

*

Dans ton bureau, si t'as un diplôme, t'as l'air intelligent. Si t'as un climatiseur, t'as l'air conditionné.

*

Quand tu vois des petits points noirs partout chez toi, ça peut être ta tension artérielle qui est trop basse ou ta cafetière qui vient d'exploser.

Quand on t'applaudit parce que c'est ton anniversaire, il faut normalement que tu expliques comment tu as fait.

*

Pour calmer les enragés du volant, afficher « Peace and Love » sur la voiture, c'est bien.
Afficher « Livraison d'armes », c'est pas mal non plus.

*

La peinture anti-rouille, c'est garanti, mais juste sur le bois.

*

Si quelqu'un t'hypnotise et qu'il te donne l'ordre de ne plus entendre ses ordres, t'es fini.

*

Avec des yeux d'aigle, tu pourrais lire le journal à 500 mètres mais pour tourner la page, il faudrait compter au moins un quart d'heure aller-retour.

*

Peur de perdre ton passeport ? Un bon truc : apprends le dessin de tes empreintes digitales par cœur.

Un bâton qui te sort de la tête par chaque oreille, t'as l'air fou, mais si tu te retrouves avec la tête dans la gueule d'un crocodile, t'es content.

*

Un légume génétiquement modifié, on ne sait pas ce que ça peut faire à l'humain, par contre un humain génétiquement modifié, ça peut faire un légume.

*

Quand un pilote voit que son avion va s'écraser en mer, il pourrait laisser les commandes à un passager qui a déjà fait du surf.

*

Assis à longueur de journée dans ton fauteuil à regarder la télé, c'est nul mais pas autant qu'assis sur la télé à regarder ton fauteuil.

*

Si tout le monde te dit que tu es laid, t'as le droit de montrer la photo de tes parents pour expliquer comment c'est arrivé.

À la fin d'une émission de télé, il ne faut pas dire : « Revenez-nous demain à la même heure ». Si on revient à la même heure, l'émission est finie.

*

Si les vêtements portaient une date d'expiration, on saurait quand ils sont passés de mode.

*

Dans les asiles où les planchers sont à carreaux, les fous se déplacent toujours en diagonale.

*

Si tu trouves que tu parais mieux en vieillissant, n'oublie pas qu'en vieillissant, ta vue baisse.

*

Quand un Éthiopien voit dans un magazine la photo d'une fille toute nue au bord de l'eau, il découpe l'eau.

*

Les trois meilleures façons de rappeler aux gens qu'il faut sauver les arbres, c'est par les journaux, les magazines et des affiches.

Un chef d'orchestre qui essaye d'attraper une mouche, c'est très dur pour l'orchestre.

*

Au tribunal, au moment précis où tu jures que tu vas dire la vérité, tu n'es pas encore sous serment.

*

Il y a très peu de gens qui pensent à léguer leur testament.

*

L'agriculture biologique, c'est simple : t'attends la nuit pour mettre l'engrais chimique.

*

Les premières anguilles électriques avaient un fil.

*

Quand on tient un sandwich, on a quatre doigts qui ne font rien sur le dessus et un pouce tout seul pour tenir tout le dessous.

*

En semant des glaçons, non seulement tu peux faire pousser de l'eau mais t'as même plus besoin d'arroser.

Pour ne pas avoir le mal de mer quand on est en croisière sur un paquebot, le mieux c'est de rester dans la piscine.

*

Quand un boxer frappe trois petits coups, trois grands coups, trois petits coups, c'est parce qu'il sent venir le Knock-out.

*

C'est vrai que c'est vite, la lumière. Surtout celle qui est dans le feu jaune.

*

Dans une soirée, si tu dis aux gens que t'as une horloge qui fait tac-tic au lieu de tic-tac, ils essaient de changer de sujet.

*

Quand c'est congé, tu te réveilles toujours deux heures avant de te lever. Quand tu travailles, c'est le contraire.

*

Anciennement, quand les poissons venaient juste de manger, ils devaient rester trois heures sans nager. Aujourd'hui, ça se voit moins.

En Espagne, quand les lattes du plancher se déclouent, on organise une soirée de flamenco.

*

Quand un sourd voit une personne qui siffle, il pense qu'elle dit : « U ».

*

Peut-être que les millions de personnes mortes en construisant la Grande Muraille de Chine étaient le prix à payer pour arrêter les invasions qui faisaient des dizaines de blessés chaque année.

*

Un bon tour à jouer à un ami facteur : tu lui offres un vaporisateur censé éloigner les chiens mais qui, en réalité, sent l'os.

*

Dans les pays sujets aux avalanches ou aux tremblements de terre, on a plus de chances d'être retrouvé si on a toujours sur soi de la bouffe pour chien.

*

Si tu croises un chat noir sur la route, ça te porte malheur mais si tu conduis un gros camion, c'est au chat que ça porte malheur.

La télépathie a toujours existé. C'est seulement qu'au début, il y a juste les riches qui l'avaient.

*

Au lieu d'une boussole, des chaussures aimantées. T'es perdu ? Juste à suivre tes pieds.

*

Il y a des chiens qui réussissent à entraîner leurs maîtres à dire : « Donne la patte », mais il faut de la patience.

*

La raison pour laquelle on aime la musique militaire, c'est qu'en marchant, ceux qui en jouent s'éloignent.

*

Il y a beaucoup d'Écossais qui étaient prêts à inventer l'échelle, ils attendaient que quelqu'un invente le pantalon.

*

Durant la Deuxième Guerre mondiale, les Allemands avaient pensé remplacer l'oxygène des U-boats par de l'hélium pour les empêcher de couler mais quand le commandant gueulait un ordre, l'équipage éclatait de rire plutôt que d'obéir.

Il faut manger des animaux, sans quoi ils vont manger toute la nourriture des végétariens.

*

On devrait construire la tombe du Contribuable inconnu, pour se souvenir de celui qui a payé la tombe du Soldat inconnu.

*

On pense toujours que ça arrive juste aux autres de penser que ça arrive juste aux autres, mais non.

*

En vieillissant, il y a des amnésiques qui attrapent la maladie d'Alzheimer mais ça ne change pas grand-chose.

*

Notre espèce a évolué grâce à la sélection naturelle. Après, on a eu les élections.

*

Les Indiens d'Amérique pouvaient transmettre une grande variété de messages par signaux de fumée. Le plus fréquent était « Au feu ! ».

En plus du décalage horaire, il y a aussi le décalage minutaire, qui s'attrape le matin : t'es en retard partout pour le reste de la journée.

*

L'Alzheimer, une autre façon d'arrêter de fumer.

*

Une idée pour fêter l'anniversaire de notre système solaire :

On coupe des icebergs en grandes tranches minces que l'on place côte à côte à la surface de notre planète. Les rayons du Soleil rebondissent sur les tranches d'iceberg pendant que la Terre tourne et, vu de l'espace, ça ressemble à une boule en miroirs comme il y en a parfois au plafond d'une salle de danse.
Pour la musique, on appelle un copain.

*

On n'a jamais su ce que les antilopes avaient contre les lopes.

*

Un bon truc pour réconforter quelqu'un qui a renversé son verre sur lui, c'est de renverser le tien par-dessus pour lui montrer que ça peut arriver à tout le monde.

En plus des chauves-souris, il y a aussi des chauves-chats, mais ils se cachent beaucoup mieux.

*

C'est inutile de se laver les mains avant de sortir d'une toilette publique : la poignée de la porte est sale.

*

C'est très difficile d'imaginer un astronaute, un sex-symbol ou un Prix Nobel qui s'appelle Gégène.

*

Avec le défaut de langue approprié, il est possible de dire « Serrurier » et que les gens comprennent « Chirurgien ».

*

Si ton chien lève la patte et pisse sur ta chaussure quand tu le promènes, tu marches trop lentement.

*

Deux demi-frères, ça ne donne pas un frère.

*

Si une femme n'aime pas ses petits seins, il y a les implants mammaires mais il y a aussi les cours d'accordéon.

Plutôt que d'ajouter un 29 février à chaque année bissextile, on aurait dû choisir une journée d'été.

*

Un bon truc pour surprendre quelqu'un le jour de son anniversaire : tu réunis en cachette tous ses amis chez lui et, quand il rentre, tout le monde s'en va.

*

C'est pas vrai que la reine a du sang bleu, mais c'est vrai qu'elle a des ovaires.

*

Les gens trouveraient plus facilement leur siège si, en plus des estrades, il y avait aussi des ouestrades.

*

Les enfants autrichiens s'appellent les Autrichiots.

*

Sous l'une des quatre pattes de la Tour Eiffel, il y a un petit papier replié pour la stabiliser.

*

Les scientifiques ont constaté que les meurtriers agressifs, cruels, déviants, imprévisibles et violents ont peu d'amis.

Quand un Japonais s'achète une caméra vidéo, il en prend une photo.

*

« Ce qu'on ignore ne peut pas nous faire de mal », sauf si ce qu'on ignore, c'est que le gros camion derrière n'a pas de freins.

*

Un cirque en Afrique, ça pourrait marcher mais il faut que tu remplaces le dompteur de lions par un dompteur de vaches.

*

Quand les tomates amènent leurs enfants voir un film, elles leur disent : « C'est pas du vrai jus, c'est juste du sang ».

*

Perdu au milieu du désert, c'est important d'avoir des pensées positives comme : « Au moins, c'est pas du sable mouvant ».

*

Dans un aquarium, les poissons se reproduisent par fécondation *in vitro*.

La peur d'avoir le cancer est l'une des principales causes des maladies du cœur.

*

Si la grippe avait un goût, on n'aurait plus besoin de manger des huîtres.

*

En entendant le couperet commencer à descendre, beaucoup de guillotinés s'amusaient à dire : « J'ai caché un million dans... ».

*

Si t'es en meilleure santé au moment où t'attrapes une maladie mortelle, t'es malade plus longtemps avant de crever.

*

Il existe des béquilles homéopathiques. Tu les sèmes, et durant les années où elles poussent, tu suis un cours d'ébénisterie.

*

Pour dire à leur capitaine qu'ils l'aimaient, les pirates faisaient un trou de la taille du bout de sa jambe de bois dans le pont, pour les tempêtes.

Une idée de cadeau pour un catcheur : un réveille-matin qui compte jusqu'à 3.

*

Quand les pompiers sauvent un chat dans un incendie, ils sont soulagés. Surtout s'ils en avaient écrasé un en arrivant.

*

En plus du portable, le téléphone ordinaire donne aussi le cancer. Mais il faut que tu fumes pendant que tu t'en sers.

*

Quand t'as pas entendu ce que quelqu'un vient de te dire, c'est parce que t'avais les oreilles fermées.

*

Quand t'as un râtelier neuf et que tu dis : « Chauchiche » au lieu de saucisse, c'est mieux de ne pas essayer de dire : « Je scie du bois ».

*

L'avantage de payer les travailleurs russes en vodka, c'est qu'une heure après, ils pensent qu'ils ont été payés en double.

Une baisse de l'inflation, c'est comme accélérer plus lentement pour aller plus vite juste plus tard. Au fond, c'est simple.

*

Il devrait y avoir aussi un clignotant au milieu de la voiture, pour indiquer qu'on continue tout droit.

*

L'emballage d'un inhalateur doit en indiquer la date d'expiration et la date d'aspiration.

*

Quand un pitbull te saute au visage, si tu éclates de rire, il te laisse tranquille les fois d'après.

*

À la fin d'une scène de circoncision, c'est considéré de très mauvais goût pour un réalisateur de crier : « Coupez ! »

*

Si quelqu'un pète près de l'église pendant les funérailles et que ça fait rire un peu les gens, c'est peut-être Dieu qui l'a voulu.

Les personnes grandes se font souvent demander si elles jouent au basket, mais les nains ne se font jamais demander s'ils jouent aux billes.

*

Quand on entraîne un éléphant à jouer de l'harmonica avec sa trompe, il faut d'abord s'assurer que l'harmonica n'a pas le goût de cacahuète.

*

La plupart des fantômes ne croient pas aux humains mais quelques-uns croient aux Anglais.

*

Quand on sait la taille imposante qu'elles pourraient atteindre, c'est une chance que les petites tours Eiffel soient aussitôt vendues aux touristes.

*

Si on le place sous le bon angle en plein soleil, l'ombre d'un lapin ressemble à deux mains.

*

Quand on est dans un resto dont on a déjà lu le menu, c'est pas gentil d'en raconter la fin aux autres.

Si ta belle-mère est laide, que ton grand-père est petit et que ton cousin germain ne s'appelle pas Germain, ça aide à comprendre pourquoi il y a des enfants qui apprennent tard à parler.

*

Quand le douanier te demande d'où tu viens, tu peux répondre : « D'un utérus », mais il faut pas que t'aies quelque chose d'urgent ce jour-là.

*

Si tu louches et qu'en faisant l'amour avec ta copine, tu la vois en double, ça peut être excitant.

*

On admire le talent du peintre de la grotte de Lascaux mais on oublie que faire poser des taureaux était aussi tout un exploit.

*

Jusqu'à maintenant, très peu de chercheurs se sont intéressés à une grimace que pourraient faire les personnes laides et qui les embellirait.

La meilleure façon de perdre du poids, c'est de déménager sur une planète plus petite.

*

Le problème avec les machines, c'est qu'elles en viennent à trop se fier aux humains.

*

Des fois, si tu te trompes d'erreur, ça te donne la bonne réponse.

*

Un gros nez et pas de narines : c'est pour ça que les Schtroumpfs sont bleus.

*

Y a des gens pour qui réussir à tous les coups est une véritable obsession, comme les parachutistes.

*

Il faut un sceau de sécurité sur les pots de nourriture pour bébés, sans quoi des bébés pourraient en manger.

*

Si tu pouvais rentrer dans ton nombril, tu rajeunirais. Théoriquement.

Il existe aussi des momies russes. Quand on ouvre leur sarcophage, on trouve d'autres sarcophages toujours de plus en plus petits.

*

Si on intervertit ses chaussures, on peut quand même laisser des traces normales si on marche en croisant les jambes.

*

Une bonne façon d'ajouter un ascenseur à la Statue de la Liberté, c'est de lui faire tenir un yoyo plutôt qu'un flambeau.

*

La raison pour laquelle il n'y a pas d'oiseaux droitiers ou gauchers, c'est qu'ils voleraient en rond.

*

On admire les chrétiens qui se faisaient dévorer par les lions, mais on oublie les gladiateurs au chômage qui avaient une famille à nourrir.

*

Grâce aux boîtes noires, on sait enfin que les écrasements d'avion sont causés par la loi de la gravité.

Si tu brandis le pouce quand tu attends l'autobus, le chauffeur n'a pas le droit de te faire payer s'il te fait monter.

*

Les écolos clament que le fumier est un engrais naturel, mais ils savent très bien que c'est du fourrage génétiquement modifié.

*

Une voyante peut retrouver un enfant disparu, mais seulement si c'est chez la voyante que l'enfant s'est caché.

*

Plutôt que de tuer les vaches qui ont la tremblante du mouton, on pourrait faire la promotion du milk-shake.

*

Il y a des végétariens qui récoltent des navets juste pour le sport. Ça va, ils les replantent aussitôt.

*

En Australie, c'est vrai que l'eau tourne dans le sens inverse, mais dans leurs machines à laver, c'est vrai juste la moitié du temps.

Quand on a suivi et réussi des cours d'hypnose, on peut faire lever les bras de quelqu'un même s'il ne veut pas, mais c'est plus simple avec un fusil.

*

Les Romains avaient inventé les verres de contact mais ils étaient blancs. On s'en rend compte quand on regarde leurs statues.

*

À l'ère préhistorique, on reconnaissait les premiers végétariens au fait qu'ils s'habillaient avec des pelures de patate.

*

Les symphonies « inachevées » des grands maîtres sont en fait l'œuvre de leurs femmes de ménage qui en avaient ras-le-bol de voir traîner tous ces papiers.

*

On peut louer des skis si on n'en fait pas souvent, mais on ne peut pas louer du boudin si on n'en mange pas souvent.

T'es victime d'un hold-up ? Tu dis : « Je vais vous faire un chèque, c'est quoi votre nom ? ». Ça peut marcher.

*

Quand le douanier confisque la bouteille à 100 F cachée dans ta veste, le mieux c'est de te taire et de passer la veste à 2 000 F.

*

Si tu improvises à voix haute un texte de chanson sur une mélodie qui n'a qu'une note, les gens pensent que tu parles.

*

C'est important d'être en accord avec soi-même, surtout si on souffre d'un dédoublement de personnalité.

*

Un bon truc pour voir si tes employés ont de l'imagination, c'est de leur offrir de rembourser leurs dépenses professionnelles.

*

Quand ils ne se lèvent pas du bon pied, les unijambistes le savent tout de suite.

Le naufrage du Titanic aurait fait moins de morts si les gens avaient pensé à aller sur l'iceberg.

*

C'est pas pour critiquer Dieu, mais quand ta femme te dit qu'un serpent vient de lui parler, c'est normal de vouloir goûter ce qu'elle vient de manger.

*

Ce qui aiderait les indécis, c'est s'ils pouvaient se décider à se faire aider.

*

Quand l'éléphant mâle s'approche de la femelle, il commence par se mettre discrètement la trompe dans la bouche pour vérifier son haleine.

*

Quand les porcs-épics voient un cactus, ils pensent que c'est un crucifix.

*

S'il ne t'arrive pas de malheur un vendredi 13, c'est parce que t'es pas assez superstitieux.

Faire semblant d'être hypocrite, c'est encore pire.

*

Dans les embouteillages, si les conducteurs se plaçaient par ordre croissant de hauteur de voiture, tout le monde verrait mieux.

*

Un cadeau de fête des Mères pas cher, c'est de lui donner le cadeau de Noël que t'as oublié de lui donner à son anniversaire.

*

Un congé, c'est pratique pour finir le travail que t'as pas eu le temps de faire à ton congé précédent.

*

Pour une femme, un bloc de béton peut être un aphrodisiaque, mais il faut que son amant le fasse tomber sur son mari.

*

Chez les nudistes, les joueurs de foot doivent être très attentifs, car les équipes se distinguent uniquement par la couleur des poils.

Les orteils servent à trouver les pattes de meuble et les cadres de porte quand il fait noir.

*

Il y a de plus en plus de parfums qui sentent la page de magazine.

*

Des robots qui regardent d'autres robots qui ne font rien, c'est peut-être ça qui, un jour, va remplacer les employés des travaux publics.

*

Du lait, c'est vachement bon, mais de l'eau, c'est pas robinettement bon.

*

Un bon truc pour consulter une carte routière sans devoir s'arrêter de conduire, c'est de la coller sur le pare-brise. Et en plus, le soir, elle s'éclaire quand on croise un autre véhicule.

*

Compter des moutons pour t'endormir, ça ne marche pas si t'es comptable pour un éleveur de moutons.

Le téléphone est une invention brillante, mais pas autant que l'invention d'un deuxième téléphone.

*

Ce que les chevaliers en armure craignaient encore plus que les blessures, c'était la diarrhée.

*

Les premiers arcs-en-ciel étaient en noir et blanc.

*

À l'époque où les pantalons étaient des collants, c'était plus facile de dire si un policier était de droite ou de gauche.

*

En fait, les pyramides représentent des tentes en pierre géantes qui annonçaient un camping aujourd'hui disparu.

*

Quand quelqu'un te dit que t'es brillant, il finit toujours par te dire qu'il pense exactement comme toi.

*

Si on se fie à la méthode du décompte des cercles concentriques, les cibles du jeu de fléchettes auraient toutes le même âge.

Il existe plusieurs méthodes pour améliorer la faculté qui nous permet de nous souvenir de ce nom qu'elle porte.

*

Le jour où les voitures vont dépasser la vitesse du son, il va falloir repenser les klaxons.

*

Peut-être que le constructeur de la tour de Pise avait simplement un lumbago.

*

Celui qui a découvert qu'on utilise juste 10 % de notre cerveau, avait utilisé juste 10 % de son cerveau.

*

On n'a jamais trouvé la statue de la machine à sécher le linge devant laquelle Rodin avait prévu que le Penseur serait assis pour attendre ses vêtements.

*

Quand on est daltonien, l'herbe est toujours plus brune dans le pré du voisin.

Pour aider un chien perdu à retrouver son chemin, il faut commencer par lui faire sentir ses pattes.

*

Quand les premiers bateaux Européens abordèrent en Inde, les Indiens crurent qu'ils venaient de découvrir Christophe Colomb.

*

Quand tu parles beaucoup avec tes mains, t'es censé terminer tes phrases par un poing.

*

Dans la religion où le sauveur est mort tranché et ensuite frit, on communie avec des chips.

*

L'avantage du téléphone portable, c'est que si t'es pris sur une île déserte, tu peux te faire livrer une bouteille vide et du papier pour envoyer un message.

*

En fait, Edison voulait juste inventer une boule lumineuse. Ce sont les autres qui lui ont fait remarquer qu'en plus, ça éclairait.

Pour sauver les rhinocéros, il faut dire aux Asiatiques que les testicules des braconniers sont aphrodisiaques.

*

La preuve que les alarmes contre les voleurs ne sont pas au point : on a encore tous reçu un formulaire de déclaration d'impôt cette année.

*

Quand tu te plains de manquer de temps, ça te laisse moins de temps.

*

À l'anniversaire d'un joueur de flûte traversière, il faut placer les bougies sur la moitié droite du gâteau.

*

Quand tu meurs et que tu revois le film de ta vie, où ça saute, c'est quand t'avais le hoquet.

*

Les Indiens d'Amérique savaient comment faire tenir des plumes dans leurs cheveux, mais ils n'ont jamais trouvé la façon de garder de l'encre dans leur oreilles.

Une image vaut mille mots. Si tu bégayes, c'est moins.

*

Le symbole chinois pour écrire « insecte écrasé », ressemble justement à un insecte écrasé. Ça fait un mot d'appris.

*

Avant d'opter pour l'autobus parce que tu ne trouves jamais de place où garer ta voiture, penses-y : un autobus, c'est encore plus gros à garer.

*

Si ton chat boit l'eau de la cuvette des toilettes, c'est peut-être pas très utile de lui acheter la bouffe la plus chère.

*

La veille d'un rendez-vous chez le dentiste, c'est mieux de ne pas dormir. De toute façon, il va te demander de bâiller pendant trois-quarts d'heure.

*

Pour empêcher les enfants de grimper dans la clôture qui entoure la piscine, il faut entourer la clôture d'un fossé d'environ 2 mètres de profondeur, rempli d'eau.

Si t'as perdu un billet de 100 F et que tu mets sa photo dans le journal, tu le retrouves pas.

*

Les bons percussionnistes ne proviennent jamais de régions sujettes aux avalanches.

*

Avec leur « v » qui se prononce « b », c'est quand même étonnant qu'aucune Espagnole ne porte un manteau de bison.

*

Avant le cinéma muet, il y a eu la radio muette, mais les gens ne savaient jamais s'ils l'avaient bien éteinte.

*

Quand les cannibales sont à la diète, ils mangent des anorexiques.

*

Quand son gynécologue lui confirma que c'était bien des échardes, la copine de Pinocchio décida de rompre.

*

Si tu te craches dans les mains avant de travailler, tu ne travailles pas plus fort mais tu te fais voler moins de gants.

Si on a une santé de fer, en vieillissant on a les articulations qui se bloquent quand c'est humide.

*

Les sourds pensent que les combinés de téléphone, c'est pour déplisser les oreilles.

*

Quand ils emmènent leurs enfants voir des feux d'artifices, les terroristes doivent leur expliquer « qu'il n'y a pas de monsieur dedans ».

*

À Venise, quand les mamans voient des poissons qui baisent dans la rue, elles disent à leur enfant de regarder de l'autre côté.

*

Une idée de costume pour une fête : tu te sauves de l'acupuncteur au milieu du traitement et tu dis que t'es déguisé en cactus.

*

Ce qui est bien avec un coquillage, c'est que tu continues à entendre la mer même quand tu entres dans un tunnel.

Ève mettait en moyenne deux heures à décider de la feuille qu'elle allait porter.

*

C'est sûr, il existe un truc pour toujours gagner à la loterie, mais il faut que tu sois le gouvernement.

*

Quand t'appelles ton chat en miaulant, t'as l'air con, mais pas autant que si t'appelles ton chien en jappant.

*

Quand on te remet les cendres du défunt, teste-les avec un aimant. Si tu n'amasses rien, désolé mais tu t'es fait voler les plombages.

*

Il y a quelques années, c'était très à la mode sur les autres planètes de dire qu'on avait enlevé des humains pendant quelques heures pour les examiner.
Ça l'est moins, aujourd'hui.

*

Si on n'a pas de ballon, on peut jouer au basket avec une boule de quilles, mais ça affecte les moyennes.

Les Noirs ne sont pas tous du même noir : les nerveux sont café, les diabétiques sont caramel.

*

Au casino, si le joueur barbu qui gagne tout le temps a des trous dans les mains, il faut miser comme lui.

*

Un cheval de bois, c'est sûr que c'est plus propre, mais à la longue, lui aussi va te faire des petits tas de sciure.

*

Sur notre planète, quand t'es à la cave plutôt qu'à l'étage, tu sens que tu tournes moins vite, mais il faut pas que tu sois distrait.

*

Moïse était bègue. Le vrai nom de son frère Aaron est Aron.

*

Si tu remplaces les quilles par des piétons et la boule par un camion, c'est là que tu vois qu'en réalité le bowling, c'est un sport violent.

Pour un Arabe qui lit de droite à gauche, les Américains habitent un pays qui s'appelle Sinus Tâté.

*

Peut-être qu'on a déjà tous été hypnotisés mais qu'on a reçu l'ordre de ne pas s'en souvenir.

*

Tu te fais engueuler parce que tu t'endors après que t'as fait l'amour ? Endors-toi pendant.

*

Lorsque son mari jaloux lui demandait si elle voyait un autre homme, la maîtresse de l'Homme Invisible répondait toujours : « Non ».

*

Si t'as un arbre et que c'est ton anniversaire et que t'invites d'autres arbres, ils viennent pas.

*

Les Romains ne capturèrent qu'un seul Chinois. Il s'appelait « Li », mais eux l'appelèrent toujours « Cinquante et un ».

Les hiboux qui disaient « Quand » et « Pourquoi » ont tous disparu. Il ne reste plus aujourd'hui que ceux qui disent : « Où ».

*

Si tu dépasses quand tu rembobines une vidéo, tu peux te retrouver avec les vrais acteurs dans ton salon.

*

Les bibliothécaires qui parlent dans leur sommeil parlent tout bas.

*

Un bon truc quand t'as pas les moyens d'amener un ami aveugle en vacances : tu l'asseois pendant trois heures dans ta voiture, tu le fais descendre et là, tu lui parles en répétant-tant toujours-jours-jours deux fois-ois-ois la dernire-ière-ière syllabe-labe-labe de chaque mot-mo-mo que tu dis-di-di. Si, en plus, t'as pensé à lui faire porter une petite laine, il va croire que tu l'as amené à la montagne. Il va être content.

*

Dans sa première ébauche des plans de l'arche, Noé prévoyait d'embarquer un couple de chaque poisson dans de grands bocaux.

La meilleure façon pour un marin perdu de retrouver son chemin, c'est de demander à un passant, mais il ne faut pas qu'il soit en mer.

*

Les abeilles trouvent que les fourmis se ressemblent toutes et, bien sûr, c'est réciproque.

*

Avant l'importante découverte par Christophe Colomb, les gens pensaient que l'œuf était plat.

*

Le principal avantage d'avoir un quotient intellectuel élevé est qu'on a une meilleure note aux tests de mesure du quotient intellectuel.

*

Les jardins suspendus de Babylone devaient être décrochés tous les soirs pour être arrosés.

*

En fait, l'armée de l'Île de Pâques utilisait ces statues pour démontrer ce qui arrive quand un régiment rencontre du sable mouvant.

Les cavaliers prévoyants ont toujours un gros aimant sur eux, pour être en mesure de freiner d'urgence.

*

Beaucoup d'astronomes ont l'impression qu'ils ne font que tourner en rond.

*

Les arthritiques ne préfèrent pas nécessairement les compositions musicales comportant plus de croches.

*

Dans la version de *Notre-Dame de Paris* écrite par Pavlov, à chaque fois que Quasimodo sonne une cloche, son chien salive.

*

Même si on le tire, le pousse-pousse fut appelé ainsi quand son inventeur se rendit compte qu'il avait oublié d'y mettre des freins.

*

Même les meilleurs botanistes japonais ne peuvent expliquer pourquoi les deux bonsaïs que les chevreuils ont sur la tête n'ont jamais de feuilles.

Quand un enfant dessine tout en noir, c'est souvent le signe que les autres crayons ont besoin d'être taillés.

*

Il ne faut pas rester derrière le fauteuil roulant d'un paraplégique qui éternue.

*

Newton aurait découvert la loi de l'attraction universelle s'il avait été assis sous un cocotier, mais il s'en serait souvenu juste le lendemain.

*

Si tu fais exploser une bombe atomique au moment précis où un jeune commence à faire pipi sur un poteau de l'EDF, il ne recommence pas.

*

Le problème avec les manifs de dyslexiques, c'est qu'on ne comprend pas leurs banderoles.

*

L'écholocation est ce mécanisme extraordinaire grâce auquel les dauphins n'entrent jamais en collision avec les chauves-souris.

Un contorsionniste peut se suicider s'il se noue lui-même le cou.

*

Avant de se faire un nom comme tueur de bisons, Buffalo Bill était cueilleur de légumes sous le nom de Brocoli Bill.

*

La probabilité d'avoir des lits jumeaux est plus élevée si on en a déjà dans sa famille.

*

Les gens ont tous oublié le grand justicier Norro qui signait de trois traits d'épée tout comme Zorro, mais moins penché.

*

Même si elle était certaine de lui avoir dit « la barbe » et non « l'oreille », la fiancée de Van Gogh fut inconsolable jusqu'à sa mort.

*

Les magazines ont été inventés plusieurs mois avant les salles d'attente.

Il ne faut pas offrir d'aquarium à une soprano.

*

Les premiers humains croyaient que les éclipses résultaient du fait que le Soleil était mal vissé.

*

En fait, la sonnette du serpent à sonnette lui sert d'abord à avertir qu'il ne voit rien quand il recule.

*

Une cuiller sur deux est convexe et son manche est difforme.

*

On peut transformer un pigeon ordinaire en pigeon voyageur, mais il faut un élastique.

*

Pour expliquer d'où viennent les bébés, les oiseaux et les abeilles prennent souvent comme exemple la fornication.

*

Avant l'âge de pierre, il y eut l'âge du bois, mais c'est malheureusement entre les deux que l'homme découvrit le feu.

Chez la sauterelle, c'est la même zone du cerveau qui contrôle le hoquet et la marche.

*

Dans un pays qui est déjà sujet aux tremblements de terre, il n'est pas sûr que le sumo soit une bonne idée.

*

Être bossu ne présente pas que des désavantages : Quasimodo pouvait rester une semaine sans boire.

*

Seulement 911 734 bénéficiaires sont actuellement indemnisés pour leur mal de dos causé par la dérive des continents.

*

Quand on assiste au magnifique spectacle de la nature, il vaut mieux éviter de s'asseoir derrières les girafes.

*

Quand on envoie une carte d'anniversaire à un magicien, il faut que ce soit une carte choisie au hasard.

À l'aide d'un simple ballon, un acupuncteur peut savoir si son patient est cardiaque.

*

En dessous du Grand Lac Salé, aux États-Unis, il y a une immense tache de vin.

*

Si on ne sait pas qu'ils suivent la balle, les spectateurs d'un match de tennis ont vraiment l'air négatif.

*

Quand on réalise que des mouches ont un nom latin de 18 lettres, c'est encore plus dur de s'appeler Raoul.

*

Certaines impressions de « déjà-vu » sont très faciles à expliquer.

*

Certaines impressions de « déjà-vu » sont très faciles à expliquer.

*

Le capitaine Crochet écrivait en braille.

Les requins pensent toujours que les plongeurs protégés par une cage vont chanter.

*

Avant les dinosaures, il y avait les déjeunosaures.

*

À la ferme, certaines vaches n'ont pas de cornes parce qu'elles ont été coupées, d'autres parce que ce sont des chevaux.

*

Si on vous intente un procès parce que vous refusez de faire partie d'un jury, vous pouvez exiger un procès devant jury.

*

Les Aztèques laissèrent Cortès et ses hommes entrer dans Mexico en armures parce qu'ils croyaient que c'étaient des machines à expresso.

*

En se peignant avec un peigne en plastique, Samson pouvait électrocuter 2 000 ennemis, 12 000 s'ils étaient mouillés.

Quand on écrase un termite, il faut s'assurer qu'il est bien mort, surtout si on porte des sabots.

*

Tous les citadins aimeraient mieux vivre dans la nature sauvage. Et celle qu'ils préfèrent est un terrain de golf de 18 trous.

*

Une des blagues idiotes de la reine d'Angleterre, c'est de proposer de tirer à « Pile ou moi ».

*

Lorsque la Station spatiale internationale sera complétée, elle aura le même équipement qu'un canif suisse.

*

Dans les grottes où il y a des peintures rupestres, on trouve aussi les membres dispersés d'un squelette préhistorique. C'est le critique d'art.

*

Effectivement, les sept nains de Blanche-Neige sifflaient en travaillant, mais, étant amateurs de jazz, chacun sifflait à son tour.

Le plafond de la chapelle Sixtine nous fournit un détail précieux sur la création d'Adam : il avait froid.

*

Les premières tentatives de clonage de serpent ont tout de même permis l'invention de la saucisse.

*

Si les portes de l'ascenseur se referment, qu'il part de côté et qu'il n'y a aucun bouton pour l'arrêter, c'est le métro.

*

Si on profite d'un tremblement de terre pour faire une petite lessive, on économise l'électricité.

*

Le premier geste à poser quand on diagnostique l'anorexie chez une patiente est de lui interdire de faire voler un cerf-volant.

*

Avant d'emmener un éléphant en montgolfière, il faut s'assurer que ses défenses ne sont pas trop pointues.

Dans les restos pour araignées, les clients se plaignent s'ils ne trouvent pas de mouche dans leur soupe.

*

Il est possible de tenir un parapluie et d'avoir les mains libres, mais il faut un grand nombril.

*

Faire un clin d'œil demande moins d'effort quand on est Asiatique.

*

Il est toujours bon d'avoir quelques ampoules électriques au cas où on manquerait de bougies.

*

La guillotine est un mode d'exécution sans douleur, sauf si la tête tombe directement sur le nez.

*

Quand on vous dit qu'on a bien aimé le film de vos vacances, vous n'avez pas à remercier votre famille, la direction et le personnel de l'hôtel, la compagnie aérienne, l'aéroport et votre agent de voyages, le fabricant de vos valises et de votre caméra, les douaniers, les chauffeurs de taxi et Dieu pour le temps qu'il a fait.

Quand le chiot qu'ils ont reçu à Noël s'endort, 90 % des jeunes enfants essayent de lui insérer une pile neuve dans le cul.

*

Le requin doit constamment nager, car il ne flotte pas, particulièrement le requin marteau.

*

Si une botte de foin pointe vers le nord, il y a de bonnes chances qu'une aiguille y soit cachée.

*

Si on aperçoit un « e » à sa gauche et un « p » à sa droite, on est au milieu de nulle part.

*

Très peu de pianistes ont débuté comme musiciens dans le métro.

*

On ignore combien il existe de statistiques.

*

Rien, dans la théorie de Darwin, ne permet d'affirmer que dans 100 000 ans les pandas seront en couleur.

Vérification faite la nuit dernière en promenant le chien, c'est l'étoile de Bethléem qui suivait les Rois mages.

*

Le télégraphe en morse fut abandonné quand on s'est rendu compte que même les morses ne le comprenaient pas.

*

Quand il s'habillait le matin, le grand Houdini invitait toujours un huissier de justice à vérifier que ses lacets étaient bien attachés.

*

Pour une bonne vision, encore mieux que les carottes : les lentilles.

*

Si les passagers enfilent leur gilet de sauvetage au moment où l'avion atteint le fond de l'océan, celui-ci remonte à la surface.

*

Le squelette du plus ancien humain a été découvert juste à côté de celui de ses parents.

Bonne nouvelle pour les rats de laboratoire : les produits testés sur les humains sont sans danger.

*

La ligne gauche est le plus court chemin du point B au point A.

*

Les coureurs de relais iraient plus vite s'ils n'avaient pas à porter le témoin.

*

À la fin, Moïse se vantait aux autres pensionnaires de la maison de retraite qu'il avait reçu 100 commandements de Dieu.

*

Si les ravisseurs appellent pour savoir si vous avez bien reçu l'oreille de l'otage, il ne faut pas exiger qu'ils vous le passent.

*

Le problème, avec les pétroliers qui font naufrage, c'est qu'ils ne prennent jamais feu.

L'US Air Force ignore combien elle a de bombardiers invisibles.

*

Parmi les signes avant-coureurs de la maladie d'Alzheimer qui ne trompent pas,

*

Les explorateurs d'autrefois emportaient avec eux des pigeons voyageurs et, quand ils étaient perdus, ils les mangeaient.

*

Quand une maman ver de terre retrouve son petit, la première chose qu'elle lui dit, c'est :
« Mais où donc as-tu la tête ? »

*

Plus que le fermier, les garçons de ferme sont toujours soulagés quand leur vache préférée met au monde un animal normal.

*

Au parc d'attractions, si on fait tourner le grande roue à cent tours par minute, on a l'impression qu'elle recule.

Ce qui complique beaucoup les calculs pour lancer une fusée, c'est le fait qu'on compte toujours à rebours.

*

Quand on va au zoo, le risque d'être couvé par une autruche est plus grand si on est chauve.

*

Les Esquimaux qui meurent dans un incendie meurent noyés.

*

Quand un policier tue une mouche, il en trace toujours le contour à la craie.

*

Les magnifique bisons peints au plafond des grottes de Lascaux sont en fait un graffiti signifiant « Ah, la vache ! ».

*

Quand vous voyez clignoter des lucioles, méfiez-vous, elles ne tournent pas forcément.

*

Si on étire un crabe, on obtient un homard.

Les livreurs de serpent à sonnettes n'ont pas besoin de frapper à la porte.

*

Avant l'existence de pétroliers, les marées noires étaient causées par des pieuvres hystériques.

*

Quand ils voyaient des éclairs, les premiers humains criaient *Cheese* !

*

La forme de la coupole de Saint-Pierre de Rome a été inspirée d'un soutien-gorge de Madonna.

*

Les formes des bretzels sont inspirées du Kama Sutra.

*

Un bon truc pour avoir tout son gâteau d'anniversaire juste pour soi, c'est de souffler les bougies avec le nez.

*

Jésus-Christ précisait toujours « avant moi » ou « après moi » quand il citait une année. On peut être Dieu et poli.

Une abeille qui a le Parkinson pollinise deux fois plus.

*

Au début, la femelle du canard s'appelait « canarde ».
Le mot « cane » est né avec l'expression « canard boiteux ».

*

Les saints se reproduisent par fécondation *in vitraux*.

*

Avant de demander le médecin, les chevaliers blessés demandaient d'abord le cuisinier, avec son ouvre-boîte.

*

La température de l'eau d'un aquarium est très importante, mais pas autant que son taux d'humidité.

*

Avant de réaliser que leur pays est plus bas que la mer, les Hollandais croyaient tous avoir une infection de la vessie.

*

Ce qu'on voit à l'écran lors d'une échographie est en réalité un bout de film muet tourné en 1926 dans un bol de soupe.

Les cannibales avaient découvert qu'en faisant suer le missionnaire, ils n'avaient pas besoin de le saler.

*

Un truc facile pour camoufler son hoquet, c'est de monter à cheval et d'aller au trot.

*

Dans les soirées d'apiculteurs, les danses servent à indiquer où se trouvent les toilettes, le vestiaire, le bar et le téléphone.

*

Beaucoup de monstres sous le lit ont peur de s'endormir parce qu'ils croient qu'il y a un enfant au-dessus.

*

La poignée de la porte d'entrée d'un magasin de farces et attrapes doit être du même côté que les gonds.

*

Un sondage effectué auprès des dyslexiques révèle que leur musique de danse préférée est le roll n'rock.

Certaines plaies infectées peuvent être franchement excitantes et pleines de vie, mais il faut être biologiste.

*

Si tes poules pondent des œufs à la coque, il fait trop chaud dans ton poulailler.

*

Les usines de miroir sont moins grandes qu'elles ne le paraissent.

*

Une pelure de banane sur un trottoir verglacé, ça ne s'annule pas.

*

Le réchauffement de la planète est causé par l'utilisation des climatiseurs au gaz réfrigérant, et réciproquement.

*

Un chirurgien en train d'opérer qui a mauvaise haleine s'en rend compte rapidement.

*

Deux des fils de Tarzan moururent dans des accidents de liane : le gros, et l'autre, aux mains grasses.

À l'époque où l'on croyait que la terre était plate, on jouait à pile ou face avec des billes.

*

La roue fut une invention majeure aussi pour le paon.

*

Tous ceux qui ont tourné un film vous le diront : ses deux côtés sont identiques.

*

Les gens ramenés à la vie après avoir été frappés par l'éclair rapportent avoir vu une intense lumière.

*

La lettre Q fut créée uniquement pour les nuls en dessin afin qu'ils puissent représenter un chat assoupi vu de dos.

*

L'humain est constitué de 80 % d'eau. Avant de se mesurer, il faut toujours s'informer de l'heure des marées.

*

L'avantage d'être une grand-maman guenon, c'est que les chaussettes et les gants qu'on tricote sont identiques.

Ce que les douaniers ont le plus de difficulté à repérer, ce sont les valises achetées en contrebande.

*

Si t'achètes une paire de chaussures dans une vente « 2 pour 1 », tu t'es fait avoir.

*

Quand les Esquimaux referment la porte de leur igloo, ils croient que le soleil s'éteint.

*

Avant l'invention de la sirène de navire, il fallait toujours engager au moins un marin qui savait jouer du tuba.

*

Chez les tortues, le numéro d'humour le plus répandu est celui d'imitation de bol renversé.

*

Si on tire rapidement la bandelette enveloppant une momie, on peut la faire démarrer.

*

Quand quelqu'un qui louche est saoul, il voit tout en quadruple.

Dieu merci, pancreas, hublot, luzerne et massue furent rapidement remplacés par cœur, carreau, trèfle et pique.

*

Parmi les idées rapidement abandonnées : le boomerang atomique.

*

Au pôle Nord, l'inspection des freins de traîneaux est faite par la SPA.

*

Avant de lui commander l'arche, Dieu avait testé Noé en lui demandant de s'occuper d'un petit chien pendant un week-end.

*

Beaucoup de rouleaux de textes anciens ont été détruits parce qu'ils étaient de la même largeur que le papier de toilette.

*

Quand un ébéniste devient père, c'est important de lui rappeler qu'il ne doit pas poncer le bébé entre chaque couche.

Autre preuve de l'intelligence des baleines : elles trouvent toujours à boire.

*

Les soldats grecs trouvaient beaucoup plus confortable l'éléphant de Troie, mais les ordres sont les ordres.

*

Bien que ce ne soit pas spécifié dans le texte de la convention de Genève, on peut siffloter devant le peloton d'exécution.

*

Si une puce savante se blesse durant son numéro, il faut crier : « Y a-t-il un entomologiste dans la salle ? »

*

Les nombreux accidents obligèrent les Indiens d'Amérique à interdire l'utilisation en selle du signal de fumée portable.

*

En s'échouant sur son île, Robinson Crusoé tomba endormi pour deux jours. Le vrai nom de Vendredi est Dimanche.

La théorie de la relativité d'Einstein est beaucoup moins drôle quand on l'explique.

*

Sur les galères, les décès furent très nombreux chez les rameurs qui tentaient de s'échapper en creusant un tunnel.

*

Un tatouage drôle ne coûte pas plus cher et peut changer complètement l'ambiance d'une autopsie.

*

Les incendies en voie d'extinction ne font pas partie des espèces à protéger.

*

Quand on téléphone à l'armée, on se fait répondre : « Restez en ligne ».

*

Un Américain bègue a intérêt à habiter le Maine plutôt que le Missisipi.

*

Les premiers cracheurs de feu devaient être frottés très rapidement l'un contre l'autre.

Une façon rapide de se faire renvoyer des Hell's Angels est de préférer les caniches aux rottweilers.

*

Une façon simple de remercier un pêcheur qui vient de nous sauver de la noyade est de le laisser nous peser.

*

Les aveugles ont souvent des impressions de déjà-entendu.

*

Si on se fie au nombre de doigts dans la main humaine, la sixième corde de la guitare est une corde de rechange.

*

Quand c'est l'heure du bain, les mamans esquimaudes mettent des petits ours polaires en plastique dans la baignoire.

*

La congestion routière diminuerait beaucoup si, aux heures d'affluence, les radios ne diffusaient que de la cornemuse.

Si un réalisateur myope a des cameramen presbytes, ça peut donner une image claire.

*

Les hommes sont majoritairement attirés par les seins, et les requins par les jambes.

*

À Hollywood, le contrat des stars dépressives prévoit toujours un cascadeur pour se suicider à leur place.

*

Les tests d'ADN sont formels : le suaire de Turin est une serviette de Raspoutine.

*

Avant de se coucher pour dormir, les chiens australiens se tournent dans l'autre sens.

*

Quand elles regardent leur album de famille, les jeunes chenilles ne se rappellent jamais le nom des vieux papillons.

*

Les premières soucoupes volantes étaient en terre cuite.

S'il rentre chez lui et surprend sa femme avec le chef d'orchestre, c'est au percussionniste de s'excuser d'être en avance.

*

Il ne faut jamais se placer entre un rhinocéros et son petit dans un espace réduit et fermé, comme un ascenseur.

*

Babylone était le fruit de l'union de deux villes : Mamalone et Papalone.

*

Quand les chiens renifleurs de drogue ont une sinusite, ils sont entraînés à faire semblant.

*

Une façon d'arrêter la déforestation, c'est de mettre des leurres en bois à la place de chaque arbre vivant.

*

Si on a souvent l'impression que tout sur cette Terre va trop vite, il faut déménager plus près de l'un des pôles.

*

Les premières clôtures électriques firent des ravages terribles dans les troupeaux de moutons à laine d'acier.

Il ne faut jamais entrer dans un magasin de trappes de plancher où il y a un tapis.

*

Nostradamus perdait régulièrement ses paris aux courses.

*

Si on met un bandeau à chaque quille, ça devient plus gênant de lancer la boule.

*

Les Chinois s'essayèrent quelque temps au blues, qu'ils appelaient le *greens*.

*

Ce sont les zèbres femelles qui ont demandé que leurs rayures soient verticales plutôt qu'horizontales.

*

L'emploi où l'on observe le plus faible pourcentage d'obèses est celui de toréador.

*

Pinocchio savait que le printemps était arrivé quand il avait envie de pisser.

À l'instar de l'anguille et du saumon, le ver solitaire retrouve toujours l'intestin de sa naissance et revient toujours s'y reproduire.

*

Le nombre élevé des victimes restées à Pompei s'explique par le fait que, le même jour, on annonçait un mechoui gratuit.

*

Les femmes des Vikings étaient les Viqueens.

*

Les fourmis savent que la fourmilière est surpeuplée quand elles commencent à avoir des fourmis dans les jambes.

*

Si un enfant observe l'oiseau avec ses petits, il n'apprend pas comment se font les bébés, il apprend à leur vomir dans la bouche.

*

Une liposuccion est une excellente occasion pour un petit ménage du bloc-opératoire.

Les personnages des musées de cire ont parfois des cheveux teints, mais jamais de mèches.

*

Une vache noire et blanche qui attrape la tremblante du mouton devient grise.

*

C'est la lessive qui permet aux acariens de répandre leur semence.

*

Quand elles se croient suffisamment loin de la ruche, les abeilles parlent de la reine en la nommant « la grosse ».

*

Robinson Crusoé avait formé sur le sol les lettres SOS visibles d'un avion jusqu'à 5 000 mètres d'altitude.

*

Au magasin, les lasers se trouvent dans le rayon des rayons.

*

L'avantage de se battre en utilisant le Taï Chi est qu'il se passe environ vingt minutes entre chaque coup de poing.

Les gros utilisent toujours la télécommande quand ils veulent regarder leur émission de mise en forme.

*

Un bidule, c'est tout simplement un machin à deux dules.

*

Les trois meilleurs moyens pour évacuer son stress sont le yoga, la méditation transcendantale ou un gros marteau.

*

En plus du canif suisse, il existe le cure-dent suisse, qui est en réalité un porc-épic.

*

Si on soulève délicatement la pyramide de Khéops, on peut apercevoir le plus gros mille-pattes du monde.

*

Avant de pouvoir entrer dans l'ovule, le spermatozoïde choisi par le hasard doit répondre correctement à une question d'habileté mathématique.

*

En hiéroglyphes, « embaumeur de momies » se traduit littéralement par « celui qui a le chien le plus gras ».

À Jérusalem, le Mur des Lamentations fut édifié à la même époque où débuta le rite de la circoncision.

*

Les campeurs qui ont une jambe de bois doivent toujours dormir avec la tête orientée vers le feu de camp.

*

Les lexicographes ne sont pas très forts en anatomie : dans les dictionnaires, hermaphrodite est masculin.

*

Au moment d'accoucher, la mère de Moïse découvrit que ses eaux s'étaient séparées.

*

Sachant qu'à chaque changement de direction il tiendrait à s'assurer par lui-même que la racine carrée de la vitesse du clignotant est bien égale au débit de l'alternateur divisé par la masse du filament de l'ampoule, Einstein ne conduisit jamais.

*

Personne n'a jamais osé le lui dire, mais quand l'homme invisible fermait les yeux, tout le monde pouvait le voir.

Quand les gastro-entérologues discutent à haute voix de leurs cas à la cafétéria de l'hôpital, ils n'ont plus de cas le lendemain.

*

Le problème, en face d'un lion qui rugit, c'est qu'on ne sait pas s'il rugit ou s'il s'amuse à imiter un autre lion qui rugit.

*

Par temps froid et humide, les serpents à lunettes sont embués.

*

Les philatélistes qui aiment contempler leur collection à la loupe doivent éviter de le faire sous le soleil.

*

Il y a 500 ans, les poissons rouges croyaient que leur bocal était plat.

*

Les seuls nobles suisses sont des comtes dont on ignore le nom parce que ce sont des comtes à numéros.

*

Un perroquet ne doit pas être laissé seul dans les montagnes où il y a de l'écho.

L'alligator et la fermeture éclair ont 92 % de leurs gènes en commun.

*

Chez les chenilles, le temps des feuilles mortes s'appelle « la saison des chips. »

*

Il faut toujours éclater de rire quand un enfant nous annonce que plus tard il veut être clown.

*

En réalité, le microscope a été inventé par un microbe qui s'intéressait à l'œil humain.

*

La preuve que les pianos se vendent toujours bien : on n'en voit jamais sur les tablettes des magasins.

*

Il faut deux ans à un singe qu'on met dans une cage pour virer idiot, mais seulement deux secondes à un humain qu'on met dans une pub.

*

Le seul gag de lamproie connu consiste à se coller au cou d'un requin pour faire croire qu'il porte une cravate.

Quand deux coccinelles se croisent, celle qui a le plus de taches a la priorité.

*

Beaucoup d'entreprises prônent l'exercice pour leurs employés. Chez les fonctionnaires, on croit plutôt aux étirements.

*

La logique voudrait qu'un coureur avec des fers à cheval aille plus vite, mais non.

*

La trace qu'elles laissent sur leur passage en est la preuve : c'est la grippe qui fait avancer les limaces.

*

Les anciens Égyptiens avaient prévu un autre Sphinx qui donne la patte, mais ils ne complétèrent que celui qui attend qu'on lance la balle.

*

Il aurait suffi d'augmenter le diamètre de l'hélice de quelques sous-marins pour qu'en reculant ils creusent le tunnel sous la Manche, mais bon, là c'est trop tard.

À courte distance, le nez humain peut détecter si une porte est verrouillée. Surtout une porte vitrée.

*

Si on approche un coquillage de son oreille, le coquillage entend un bruit de cire.

*

Si tout va bien, les plans de la première machine à voyager dans le temps devraient être complétés d'ici l'an dernier.

*

Si un cannibale est sujet aux caries, il fait mieux de manger seulement des diabétiques.

*

Autour de notre monde, il y a un autre monde appelé « ednom ». On peut l'entrevoir dans les miroirs.

*

Pour se rappeler les anniversaires, les hommes préhistoriques utilisaient le carbone 14.

*

Le long cri de Tarzan résonna beaucoup moins souvent dans la jungle après qu'il eut pensé à porter un pagne.

Il ne faut pas remettre à plus tard une visite au musée de cire, la planète se réchauffe.

*

Pour maximiser ses profits, Stradivarius ne travaillait que les journées où il pleuvait des cordes.

*

Autre preuve de l'extraordinaire connaissance des anciens Égyptiens en astronomie : l'ombre des pyramides est toujours exactement opposée au soleil.

*

Pour avoir un orgasme quand on est dans l'espace, il faut *descendre* au septième ciel.

*

Quelle que soit l'intensité à laquelle on chauffe les angles d'un triangle, leur température totale ne dépasse jamais 180 degrés.

*

La première chose à faire si on a été mordu par un serpent venimeux, c'est de le mordre immédiatement « pour lui montrer ce que ça fait. »

Parmi les sujets jamais représentés par les sculpteurs : le caillou.

*

Si un chameau freine trop rapidement, il devient un dromadaire.

*

La patte de lapin est un porte-bonheur plus efficace si elle provient d'un lapin nourri de trèfle à quatre feuilles.

*

Dans la Rome Antique, les disc-jockeys faisaient parfois des « 1 009 », que nous appelons aujourd'hui des « MIX ».

*

Les voiliers miniatures placés dans des bouteilles sont fabriqués en bois de bonsaï.

*

Avec une montre-bracelet à cadran solaire, il est l'heure qu'on veut.

*

Achevé d'imprimer en octobre 2005
Sur les presses de Corlet, Imprimeur, S.A.
14110 Condé-sur-Noireau
N° d'Imprimeur : 87753
Dépôt légal : novembre 2005

Imprimé en France